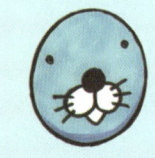

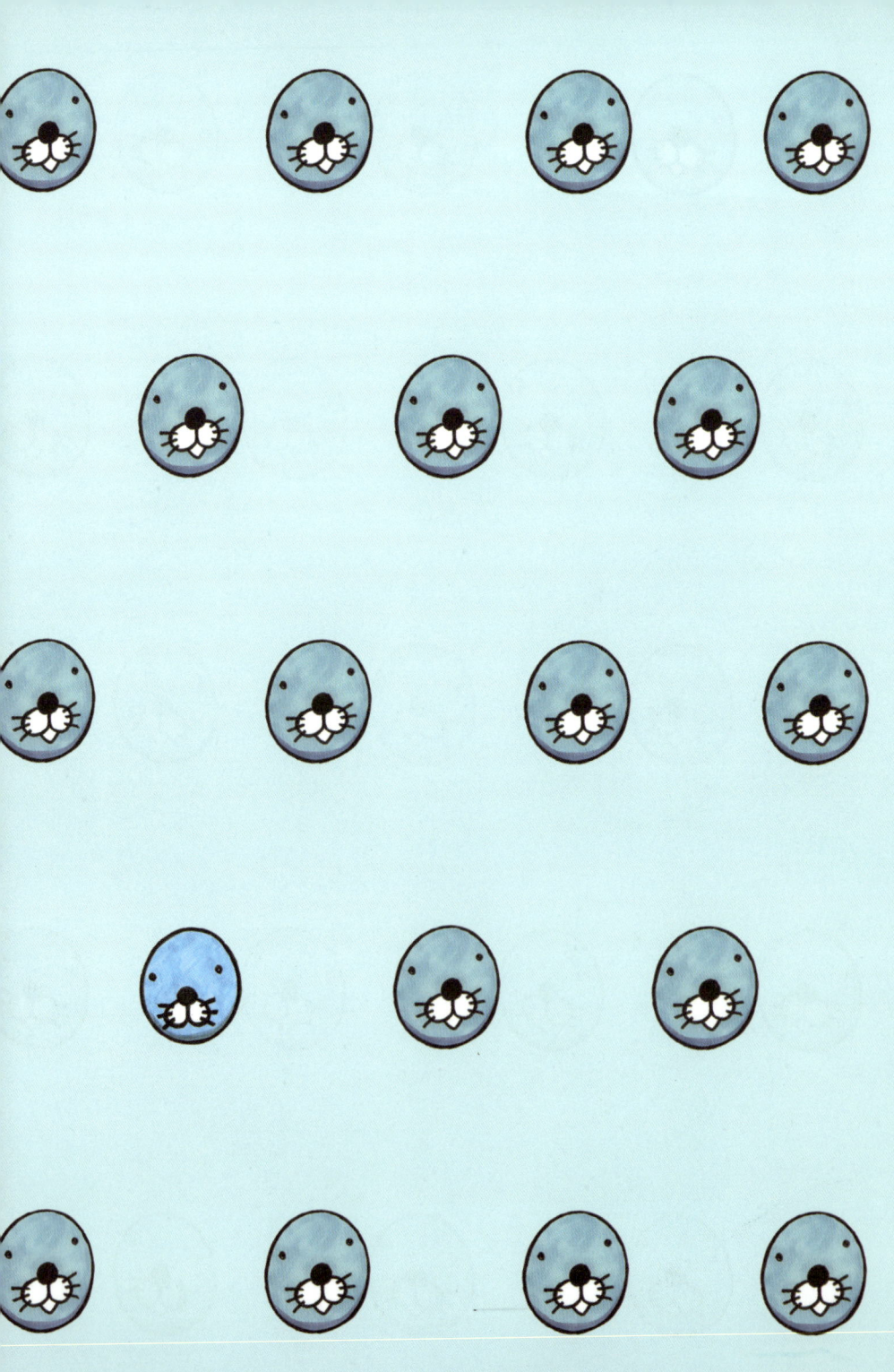

이가라시 미키오 Mikio Igarashi

1955년 1월 13일 미야기현에서 태어났다. 다섯 살 때부터 만화가가 되기로 결심해 스물네 살에 데뷔한 뒤로 〈네온토피아〉 등의 작품을 발표하며 독자들의 압도적인 지지를 얻었다. 1984년에 2년의 휴식기를 마치고 발표한 복귀작 〈보노보노〉는 1988년에 고단샤 만화상을 수상하였고 영화와 애니메이션으로 각색되며 큰 성공을 거두었다. 꾸준히 작품 활동을 해온 결과 2009년에는 미야기현 예술선장을 수상하였다.

현재까지도 〈보노보노〉는 활발히 연재 중이며 30년 넘게 전 세계의 독자들에게 사랑받고 있다. 그러니까, 그가 다섯 살에 한 결심은 참으로 올바른 것이었다.

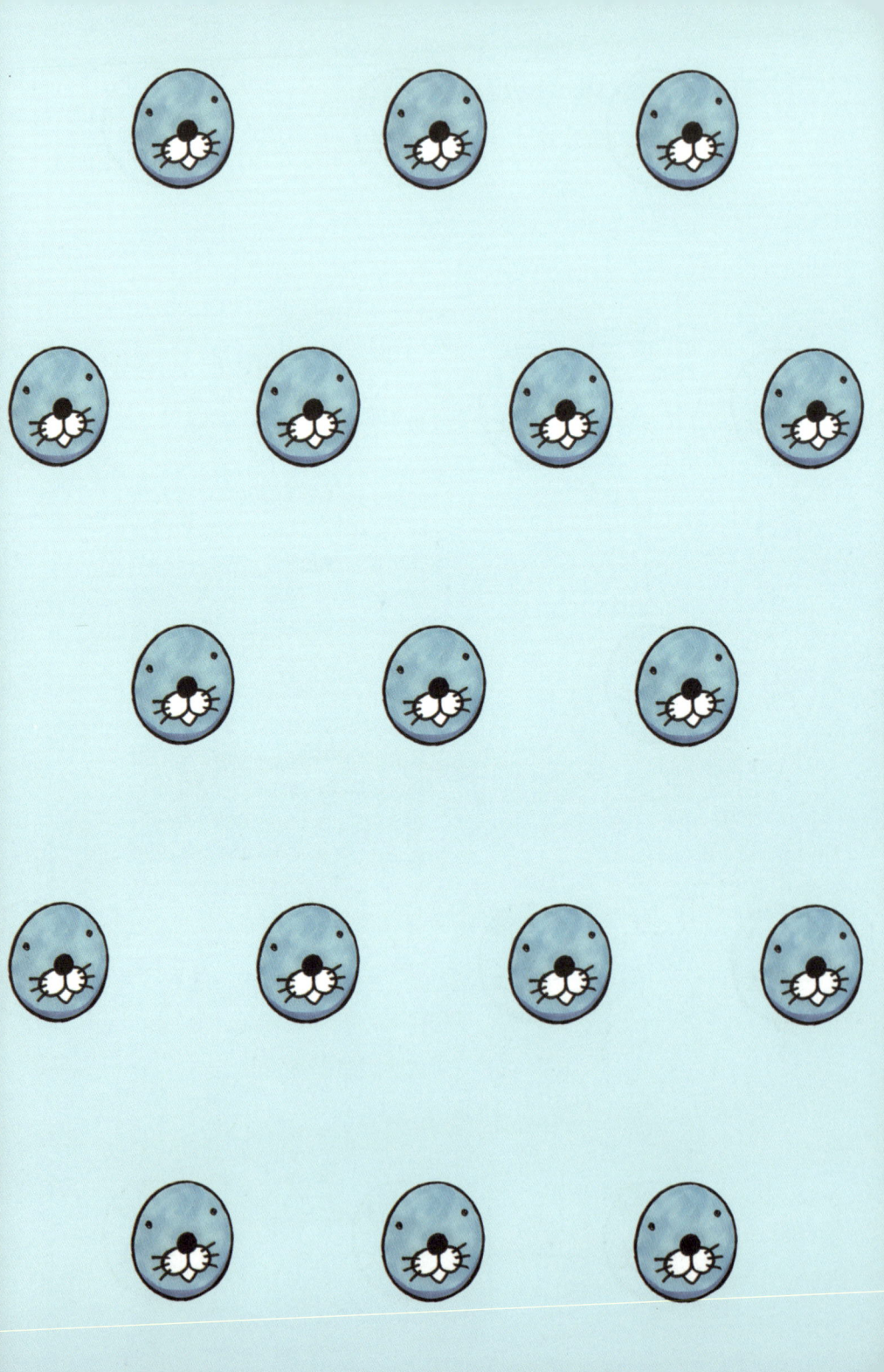

"누군가에게 하고 싶어지는 얘기,
그게 바로 재밌는 얘기야."

_____ 님께

_____ 드림

보노보노,
오늘 하루는
어땠어?

BONOBONO
Copyright © MIKIO IGARASHI
All rights reserved.
Originally published in Japan by TAKE SHOBO, Tokyo.
Korean translation rights arranged with
TAKE SHOBO, Japan through Seoul Merchandising Co., Ltd.

보노보노,
오늘 하루는
어땠어?

이가라시 미키오 만화 | 고주영 옮김

:: 보노보노와 숲속 친구들 ::

보노보노 ♥
주인공인 해달입니다. 항상 태평해서 누구도 그 속도를 맞추기가 힘들어요. 언제나 공상을 하곤 합니다. 괜스레 무서워져 올 때도 있어요.

포로리 ♥
보노보노의 절친입니다. 암컷으로 오해받지만 수컷입니다. 이따금 바보 같은 말을 할 때도 있습니다.

너부리 ♥
숲속 개구쟁이. 아빠와 자주 티격태격하고 말썽도 자주 일으킵니다. 난폭하긴 하지만 이렇게 남을 잘 챙기는 성격 좋은 캐릭터도 없어요.

야옹이 형 ♥
보노보노는 뭐든 야옹이 형에게 물어보는데, 그게 굉장히 성가시다고 하네요.

해내기 ♥
사막에 사는, 노래 잘하고 춤 잘 추는 명랑한 친구입니다.

아로리 ♥
포로리의 누나. 너부리와는 숙명의 라이벌입니다.

보노보노 아빠 ♥
잘 보지 않으면 보노보노와 뭐가 다른지 알 수 없지만, 잘 보면 보여요.

포로리 아빠 ♥
포로리 아빠는 이미 노인입니다. 무뚝뚝하고 말수가 적지요. 포로리는 그런 아빠를 잘 돌봅니다.

너부리 아빠 ♥
세상 모든 것이 싫기만 한 아저씨입니다.

린 ♥
똥싸개입니다. 항상 똥을 쌉니다. 하지만, 즐거워 보이니 그걸로 된 거겠죠.

울버 ♥
똥싸개 린의 아빠입니다. 비겁하다는 소리를 듣는 것이 삶의 보람인 아저씨입니다.

오노리 ♥
너부리의 친구. 거짓말을 태연하게 잘도 합니다.

보노보노와 숲속 친구들 • 6

한국어판 서문 • 10

 1부 이 세상은 모두의 메모투성이

옛날에 내가 갖고 있던 것 • 15

나는 걷는 걸 좋아해 • 31

포로리는 덮는 걸 좋아해 • 49

너부리의 결심 • 65

새로운 놀이를 생각하자 • 83

집 지키는 보노보노 • 99

시시한 이야기가 정말 좋아

누군가 얘기하고 • 135

생각은 안 나지만 알고 있어 • 151

포로리의 우울 • 169

너부리의 이상한 음식 • 185

꿈이란 건 이상해 • 203

요리해보자 • 219

 오늘도 재미있는 일이 시작된다

감기에 걸렸다 • 255

살찌는 게 왜 싫을까? • 271

포로리는 명탐정 • 289

너부리의 심심함 해결법 • 305

취미란 뭘까 • 323

나랑 똑같이 생긴 아이를 만나보고 싶어 • 339

한국어판
서문

『보노보노, 오늘 하루는 어땠어?』는 〈보노보노〉의 베스트 컬렉션이라고 해도 좋을 것입니다. 30년 넘게 꾸준히 연재해 온 에피소드 중에 특별하게 고른 이야기만을 모았으니까요. 보노보노와 숲속 친구들이 모두 등장하는 에피소드를 모았기 때문에 〈보노보노〉를 처음 접하는 독자들이 입문용으로 읽기에도 좋습니다. 기본적으로 제가 좋아하는 이야기들을 골랐지만, 인기가 많았던 이야기들도 염두에 두었습니다. 〈보노보노〉다운 이야기들이 담겨 있으니 이 책을 읽으면 〈보노보노〉라는 만화를 훨씬 잘 이해할 수 있을 겁니다.

독자 여러분이 이 책을 너무 부담 갖지 말고 자유롭게 읽어주었으면 좋겠어요. 아마 읽은 사람에 따라서 저마다의 감상이 미묘하게 다를 겁니다. 만화는 재미있는지, 재미없는지가 전부입니다. 여러분들이 '재밌다'고 생각하는 동시에 '아, 읽어서 참 좋았어'라고 느낄 수 있다면 더욱 기쁠 것 같습니다.

한국 독자들에게 특별히 전하고 싶은 말이 있어요. 몇 차례 한국을 오가면서, 한국의 청년들도 일본의 청년들과 많이 다르지 않다고 느꼈습니다. 교육과 경제적인 수준이 어느 정도까지 올라가면 세계 어느 나라의 젊은이도 같은 문제로 고민하지 않을까

요. 예를 들어, 미래에 대한 막연한 불안, 자기 자신에 대한 기대와 그 부담, 어떻게 살면 좋을까, 어떻게 해야 세상이 나를 인정해줄까 같은 고민 말이죠.

우리는 정말이지 다양한 정보에 노출돼 살고 있기 때문에 사방에서 조언과 비판, 좋은 얘기와 나쁜 얘기를 듣게 됩니다. 방황하는 건 당연합니다. 바구니나 옷걸이처럼 쓸모가 확실한 도구가 되면 차라리 속 편할지도 모르겠지만 우리는 생명체이기 때문에 삶의 방식을 스스로 결정해야 합니다. 그렇다고 해서, 자신이 정한 삶의 방식대로 살아갈 수 있는 사람은 많지 않습니다.

그래도 바른 삶은 있습니다. 그건 바로, 평범한 삶이 아닐까요? 너부리는 곤란해하는 포로리에게 "내일모레의 일이 여기에 있어? 그건 네 머릿속에만 있는 거야"라고 말합니다. 재미있는 일도 있고 괴로운 일도 있습니다. 뜻대로 되지 않는 일들이 계속 생기고, 반드시 불행한 일도 일어날 거예요. 그러나 그런 인생을 즐길 수 있는 사람이야말로 '바르게 사는 방법'을 아는 사람이라고 생각합니다. 보노보노와 숲속 친구들이 그런 것처럼요.

이가라시 미키오

이 세상은 모두의 메모투성이

일러두기

1. 이 책은 일본의 제책 방식을 따랐습니다. 오른쪽에서 왼쪽으로, 위쪽에서 아래로 읽어주세요.

2. 이 책은 〈보노보노〉 1권부터 38권까지 중 독자들에게 가장 사랑받은 에피소드를 모아 원작자 이가라시 미키오와 다케쇼보(竹書房) 편집부가 함께 엮은 것입니다.

옛날에 내가 갖고 있던 것

그건 옛날에
내가 갖고 있던 것이다.
그리고 어느샌가
잃어버린 것이다.

생각해내지 못하는 나

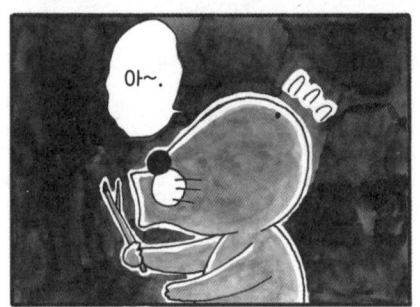

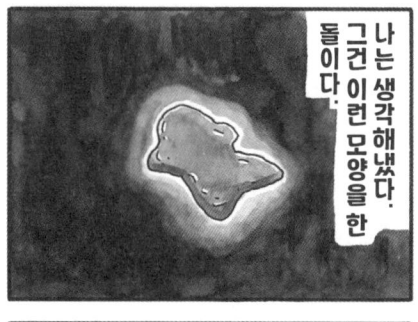

나의 비밀 구멍

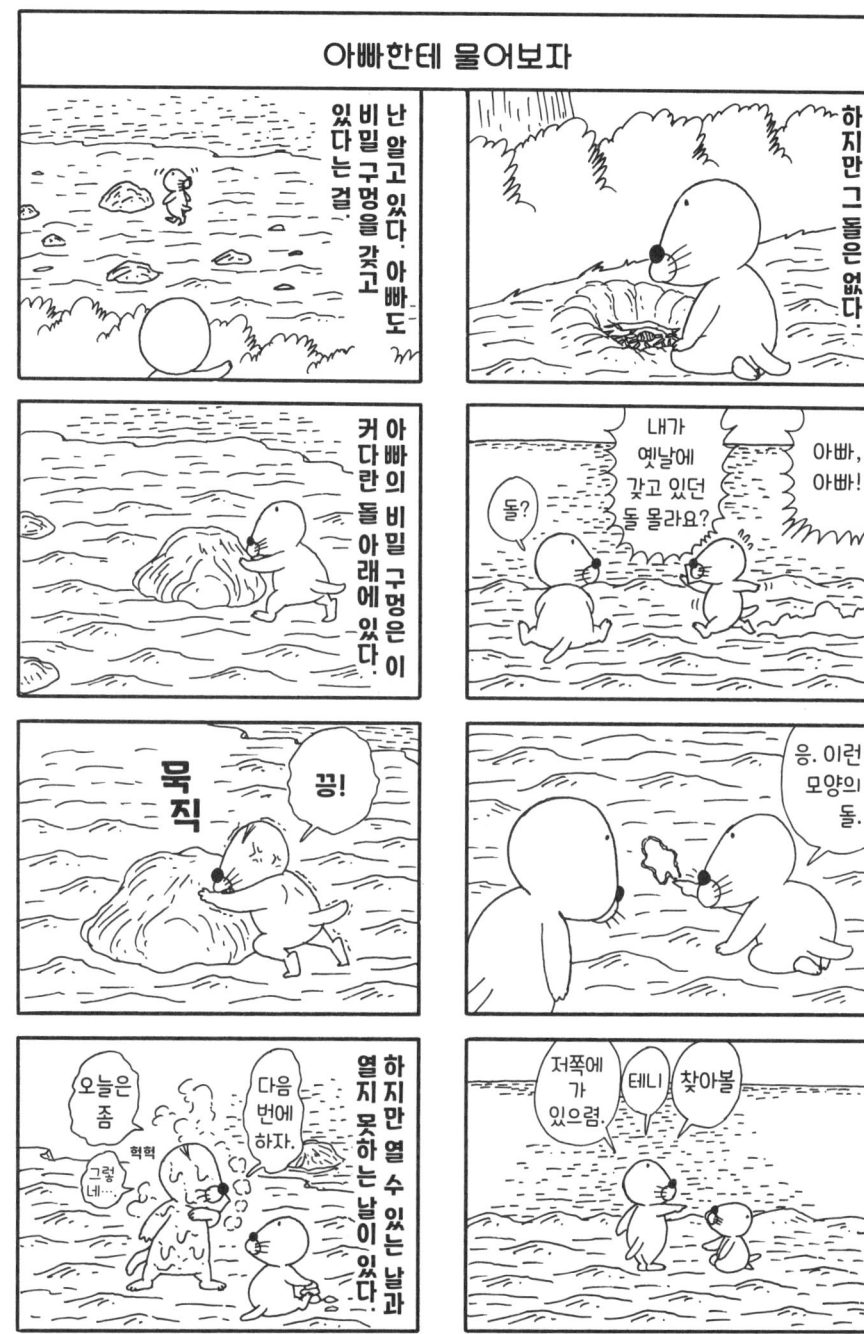

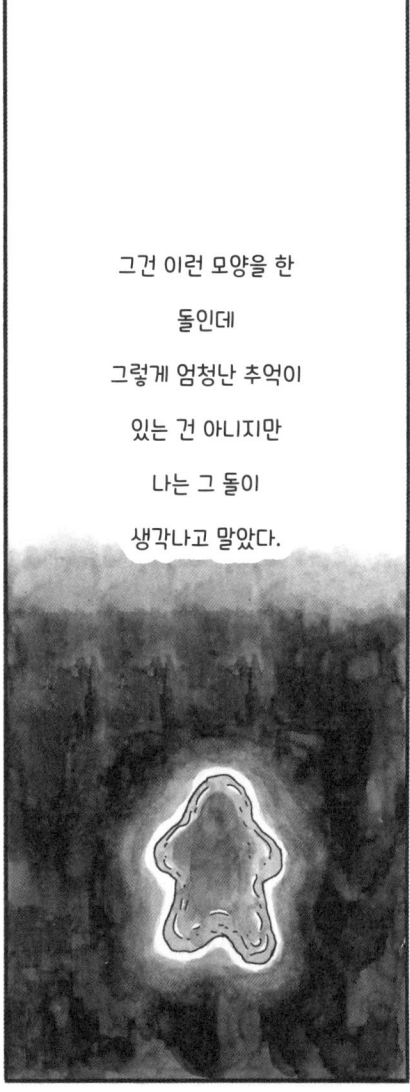

메모 놀이

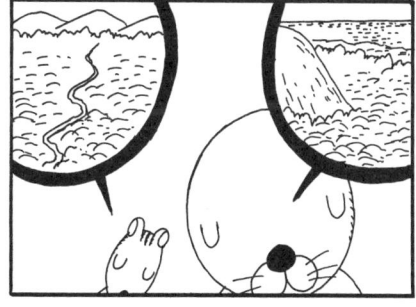

포로리도 걷는 걸 좋아해

조금 재미있어

조금? 조금이란 게 얼마만큼 인데?

응, 그렇게 재미있는 건 아니고 조금 재미있어요.

주의를 집중하지 않으면 모르는 정도?

주의를 집중하지 않으면 모를 정도랄까요?

그만 해!

좋아한다는 것

포로리는 덮는 걸 좋아해

포로리는 뭔가를 덮고 자는 걸 좋아한다.
엄청 좋다고 한다.

나도 조금은 알 것 같아.

덮을 걸 찾아보자

깔개나무 잎

나무껍질

고사리단풍

포로리의 분노

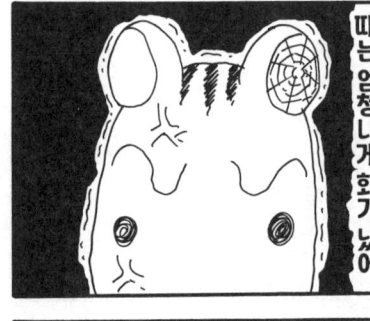

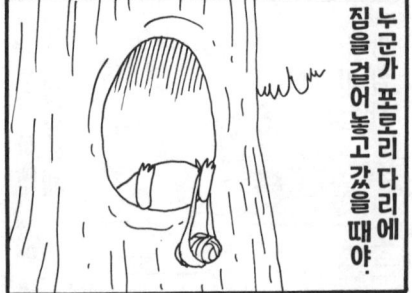

오목벌레

포로리 대 제비뽑기벌레

오목벌레의 맛

포로리의 분노 2

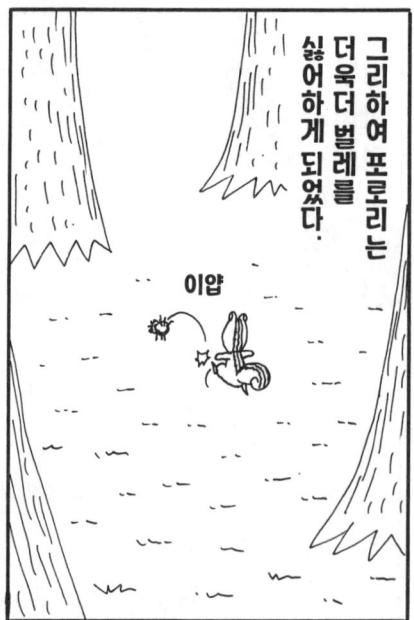

너부리의 결심

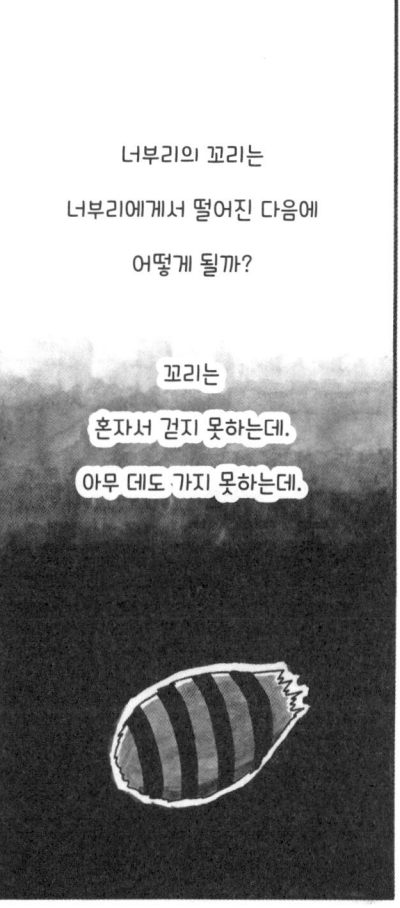

포로리의 의견

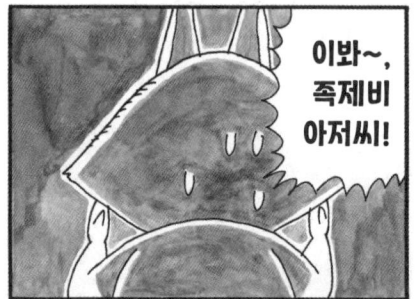

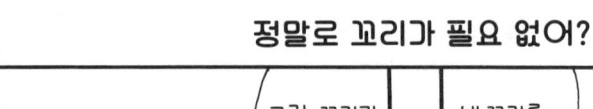

정말로 꼬리가 필요 없어?

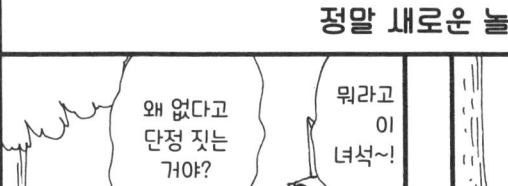

너부리가 생각한 새로운 놀이

조개를 써보자

조개를 이용한 놀이

나는 뭘 하면 좋아?

이름을 붙이자

집 지키기 시작

"게." "다녀올." "그럼"
"응."

집 지키기는 시작이 어렵다.

아빠가 보이는 동안은 아직 집 지키기가 아니니까.

집 지키기는 집 지키기

나만의 집 지키는 방법

도둑이 들었을지도 몰라

구멍을 가리면 되는 거야?

뭐?! 어쩌면 도둑이 들었을지도 몰라.

진짜네! 앗!

포로리가 안에 들어가 볼게.

뭐?! 안이 텅텅 비어 버렸다고! 그건 상관없어!

으아~! 캄캄해라!

더 멀리 찾아보자

아빠가 아끼는 것

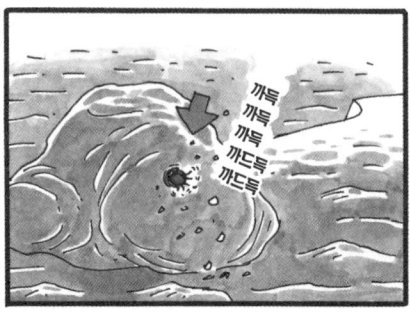

구멍을 판 건
구멍을 잘 파는 녀석.

구멍을 잘 파는 건
구멍 파기를
좋아하는 녀석.

게가 범인?

내가 범인?

아빠가 범인?

울버 아저씨의 집

생각났다

하지만 아빠가 아끼는 물건이 없어진 사실이 떠올랐기 때문에

하지만 없었다.

나는 다시 우울해졌다.

나는 바위 위에 올라가 콩콩 뛰어보기로 했다.

그래.
내가 자는 동안 누군가 돌려주러 왔을지도 몰라.

하지만 없었다.

앗, 너부리야!

이상한 거?

몰랐던 척

솔직히 말하면 돼

2부
시시한 이야기가 정말 좋아

우리 이야기

너부리의 재미있는 이야기

다들 쓸쓸해

내 생각

조금 더 자세히

야옹이 형이다

수다쟁이

키로코는 풍경을 보면서 걷는다

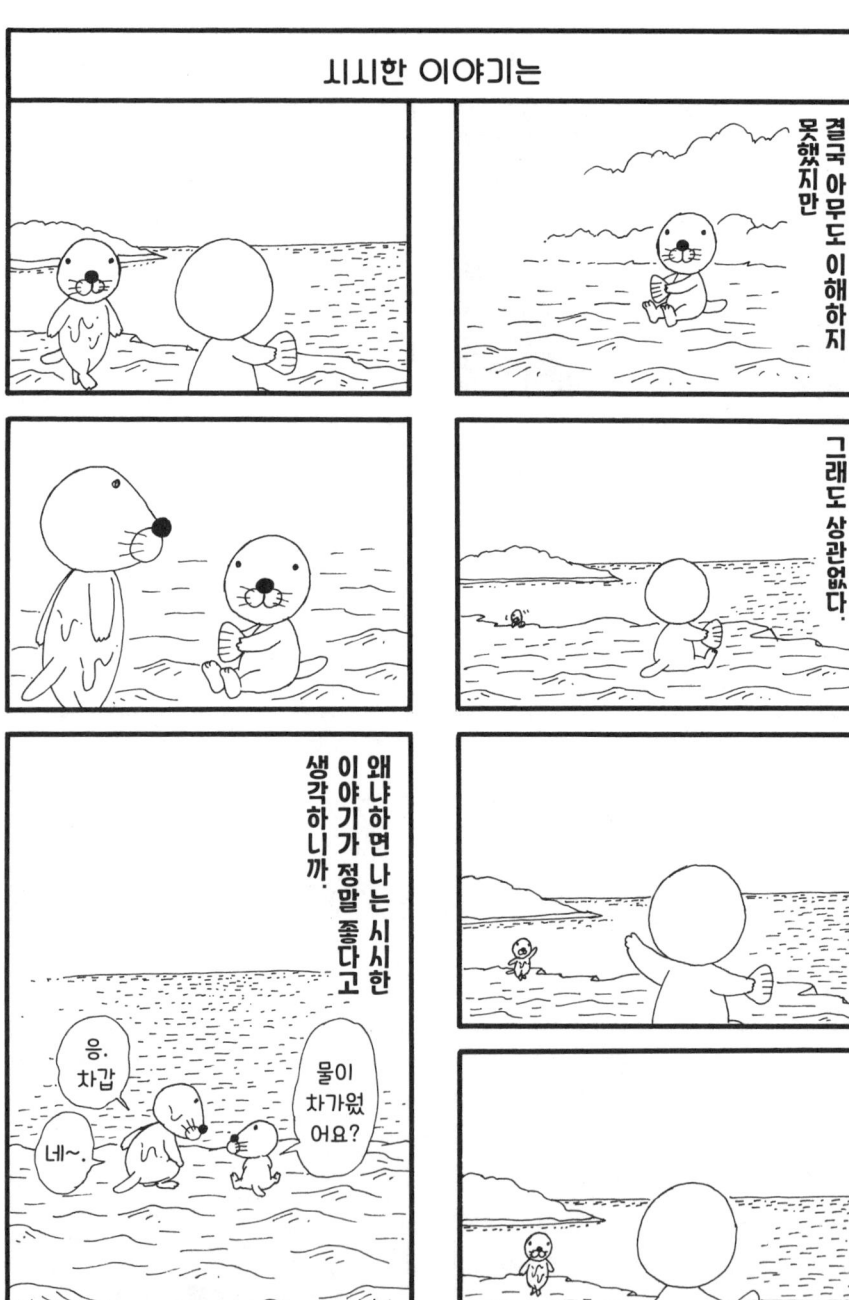

생각은 안 나지만 알고 있어

흐~음.

생각은 안 나지만

알고 있어.

알고 있지만

생각이 안 나.

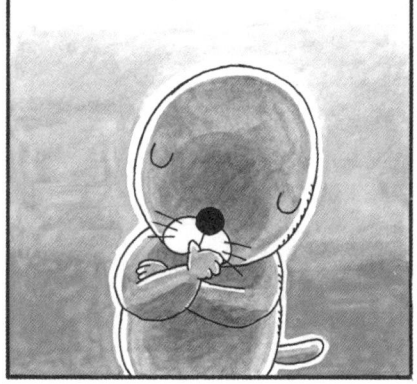

그 토끼는 누구지

풀을 뜯고 있어

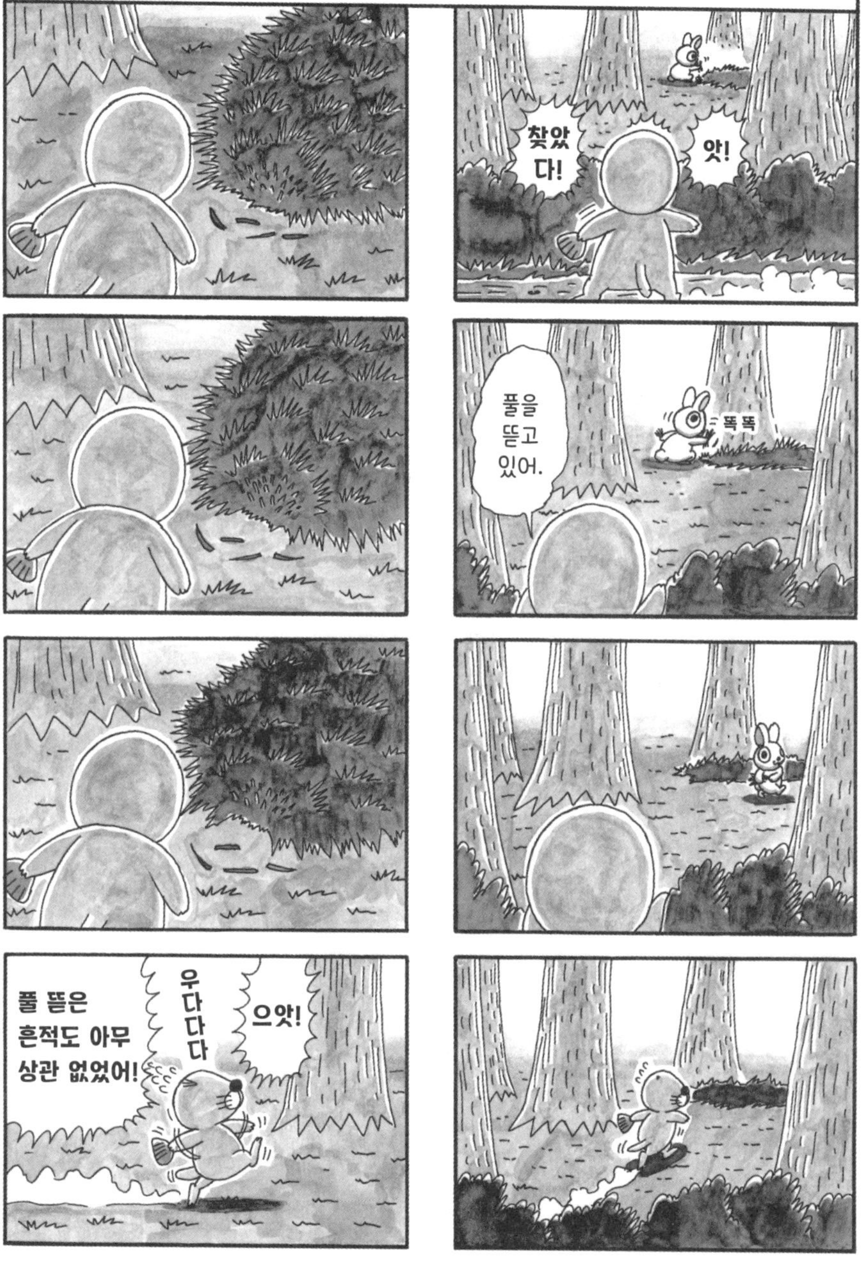

그 풀은 무슨 풀?

댐댐풀

댐댐풀이란

포로리의 우울

포로리는

우울하다.

우울이라는 것은

곤란한 일을

곤란해하는 것이다.

위험해!

포로리의 우울

마음의 문제

나의 의견

돌을 던져서 정하자

너부리가 화났다

포로리의 삼촌 2

포로리와 독버섯

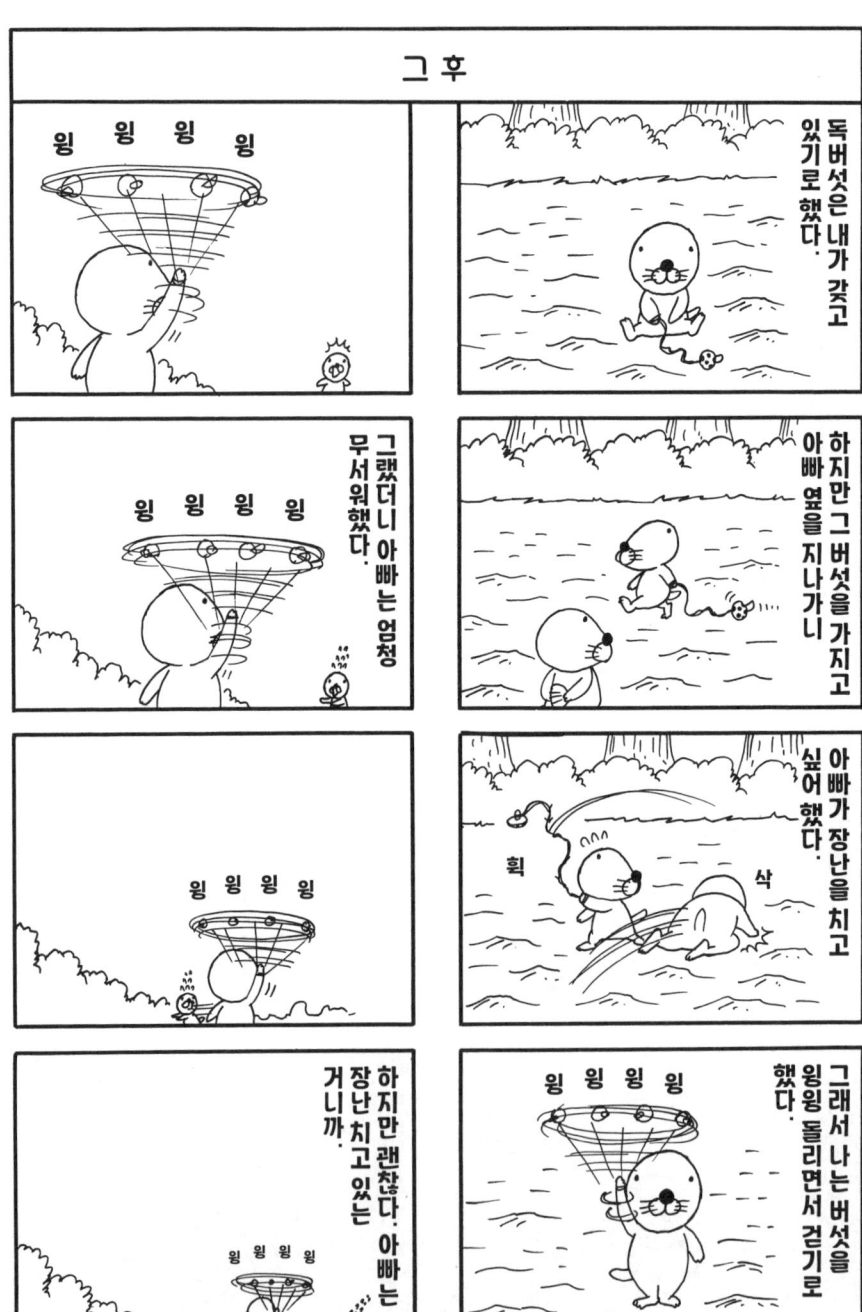

너부리의 이상한 음식

너부리는 이상한 음식을 발견했다.

그것은 음식이 아닌 음식이다.

카미뇨는 어려워

입에 넣은 채로 쉬는 방법

포로리네

포로리와 카미뇨

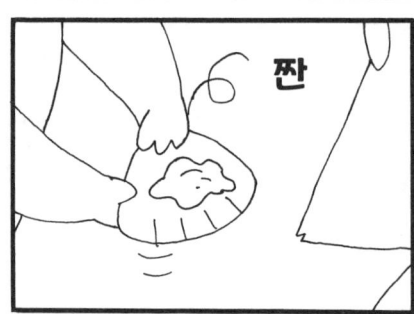

린과 카미뇨

야옹이 형과 카미뇨

꿈이란 건
이상해

자는 건 즐거워.

꿈꾸는 건 즐거워.

하지만
꿈이란 건 이상해.

꿈이란 건 이상해

꿈과 현실의 차이

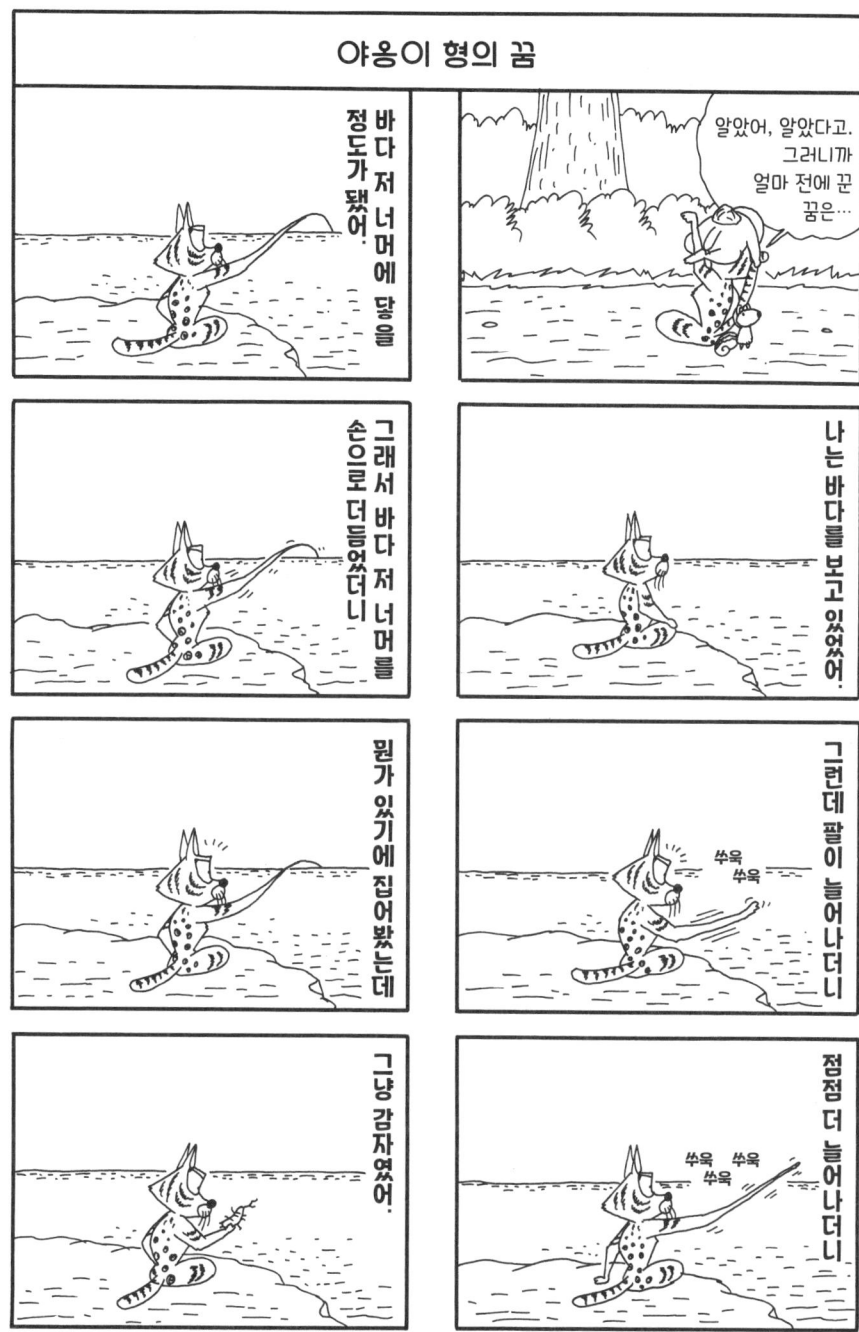

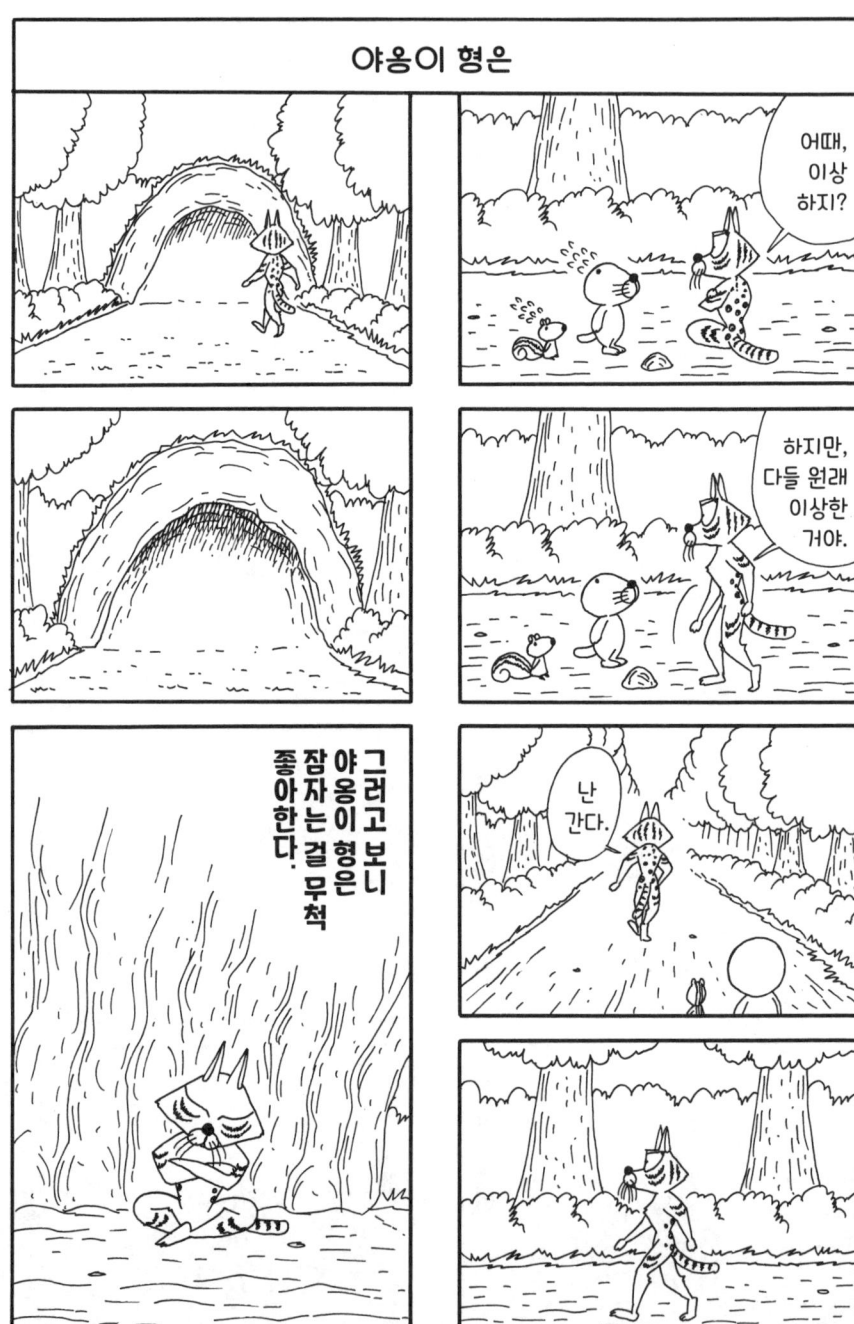

이 정도라면

어금니항아리 열매

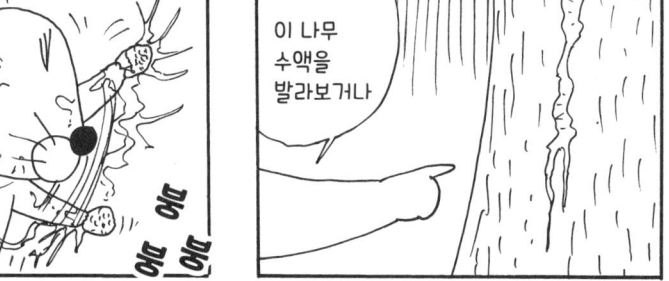

포로리는 요리가 특기

포로리의 요리

요리는 마음

너부리는 알까?

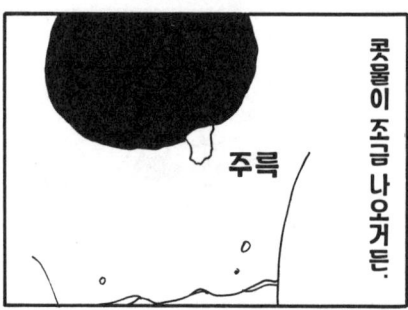

호두로 시험해보자

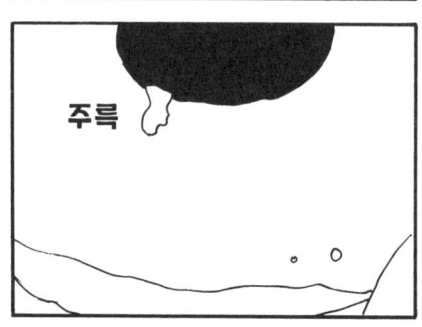

힘센장미뱀 껍질

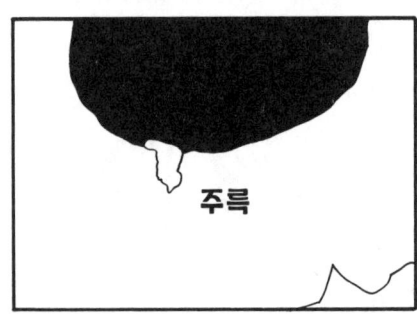

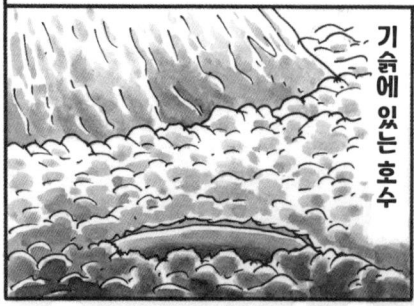

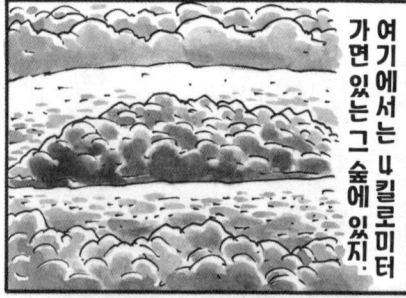

업기 놀이 하면서 가자

물 마시고 가자

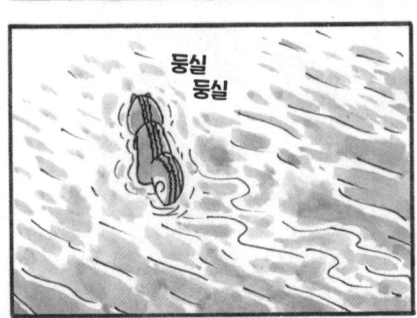

이게 우감포 잎이다!

이건?

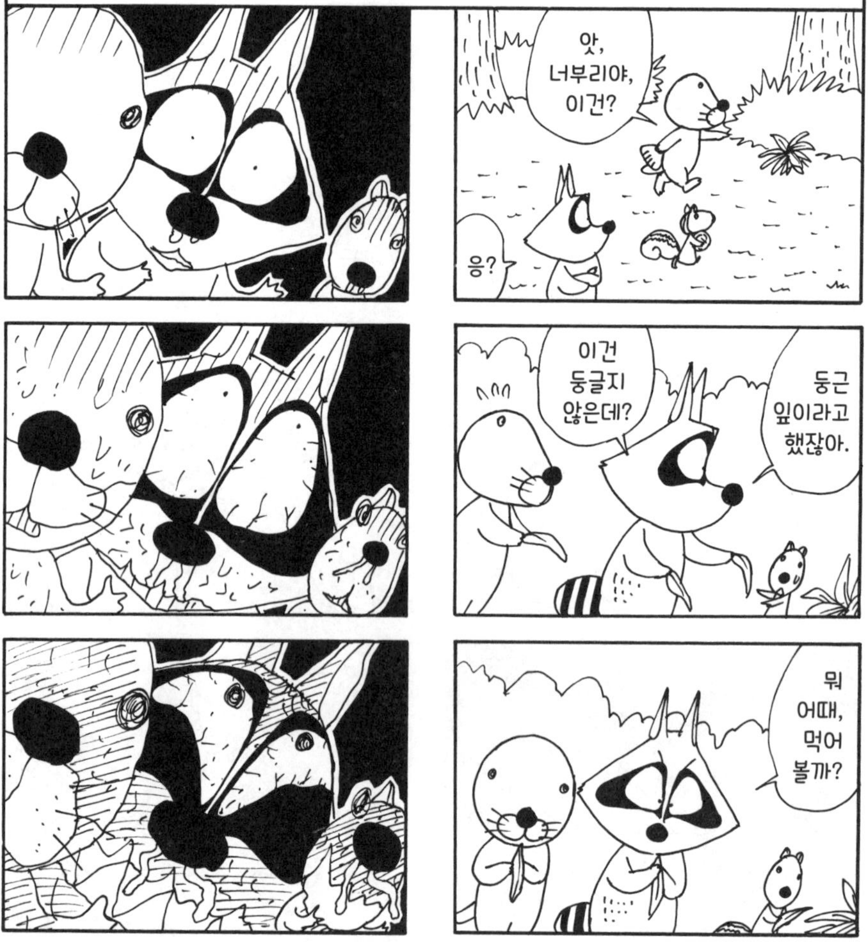

대결 시작

포로리 도와주기

다음은 소스 만들기

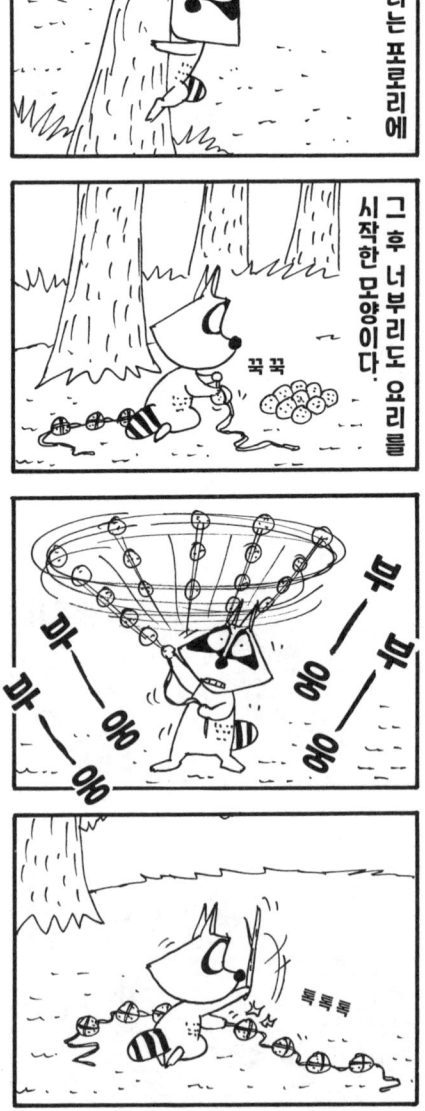

3부 오늘도 재미있는 일이 시작된다

열은 없니?

오늘은 푹 쉬자

감기 낫는 법

너부리의 감기 낫는 법

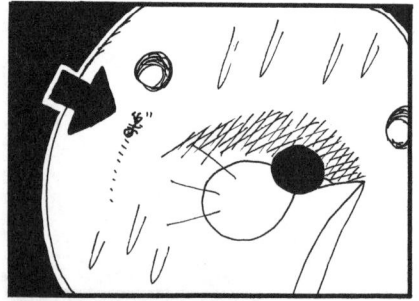

개미를 먹는 나

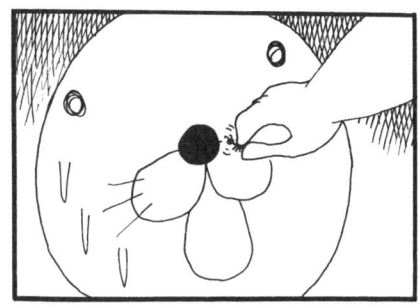

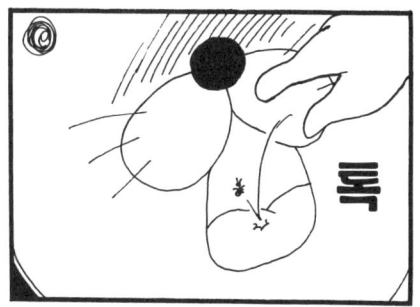

더 먹는 나

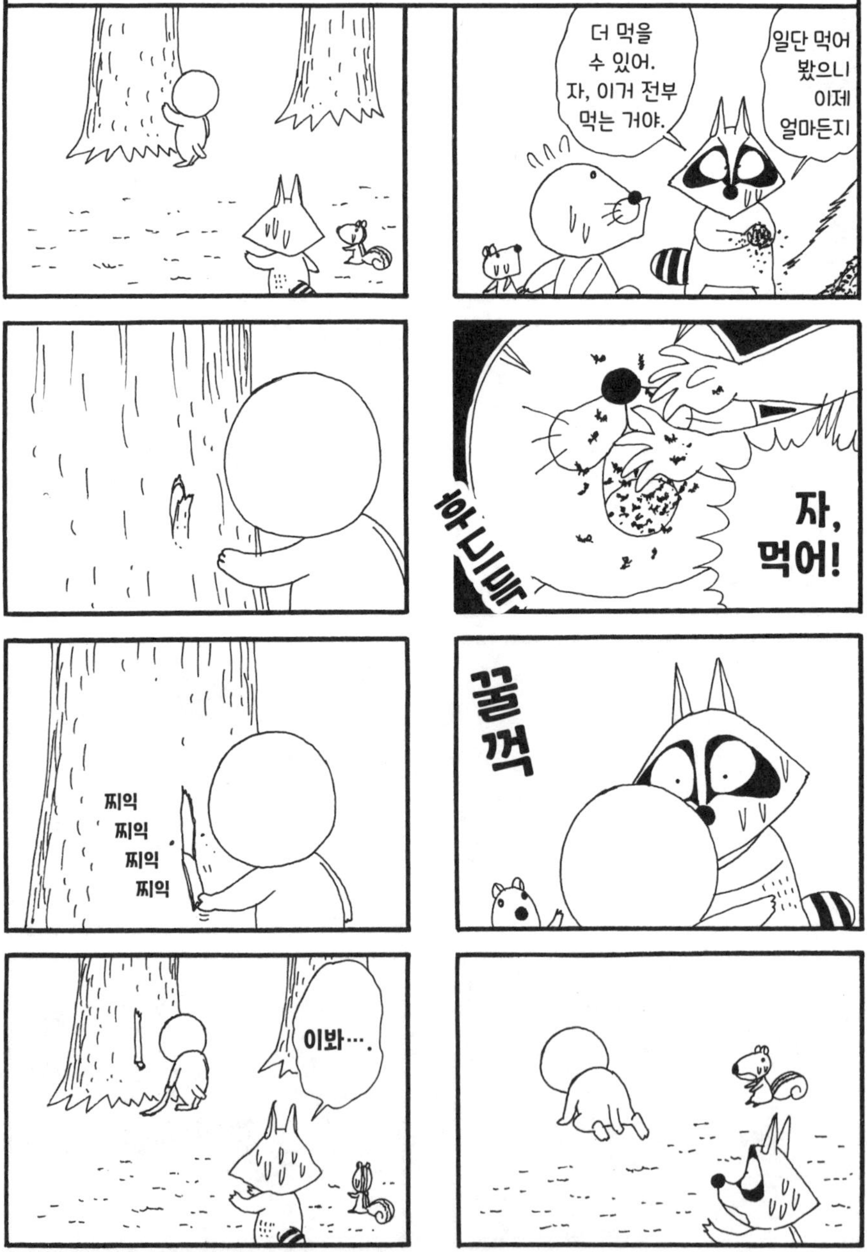

조금 더

너부리 아빠의 감기 낫는 법

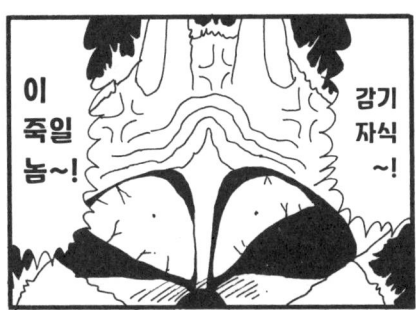

야옹이 형한테 물어보자

꼬리의 표시

나이가 들면 살이 찐다?

살찌는 걸 싫어하는 이유는 모두들 자기가 뚱뚱해지는 걸 원치 않아서일까?

울버 아저씨의 생각

살피기 싫어하는 건 자신뿐

살펴볼래?

포로리의 추리

너부리의 알리바이

아로리가 범인?

범인은 아로리다

진흙이다

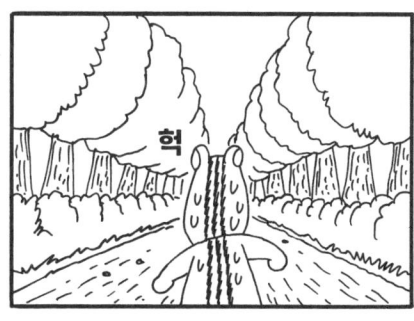

범인은 오소리다

오?

야옹이 형이다

늘 다니는 길에 있는 들어간 적 없는 풀숲

흐음~.

응?

이렇게 낯선 꽃을 발견하면 꺾어다가 추억으로 삼는 것도 좋죠.

늘 다니는 길에 들어간 적 없는 풀숲 같은 게 있으면 주저 말고 들어가봅시다.

저는 안 하지만요.

오호~.

내키는 방향으로 내키는 만큼

이런 혼자 놀기는…

그러고는 내키는 방향으로, 내키는 대로 걸어가면 됩니다.

그러고는

이런 나무를 발견해서

기대만큼 재미있진 않으니 그만 둡시다.

빠져나갈 수 있을까?

외로워 보이는 도리도리

뭔가 하고 있는 울버 아저씨

모두의 경험

아빠의 아침 체조

아빠는 아침에 일어나면 꼭 체조를 한다.

풍더~엉

취미란 뭘까

홰내기가 왔다.

홰내기한테 취미가 생겼다.

홰내기의 새로운 취미

비밀은 바로

나도 해볼래

포로리의 취미

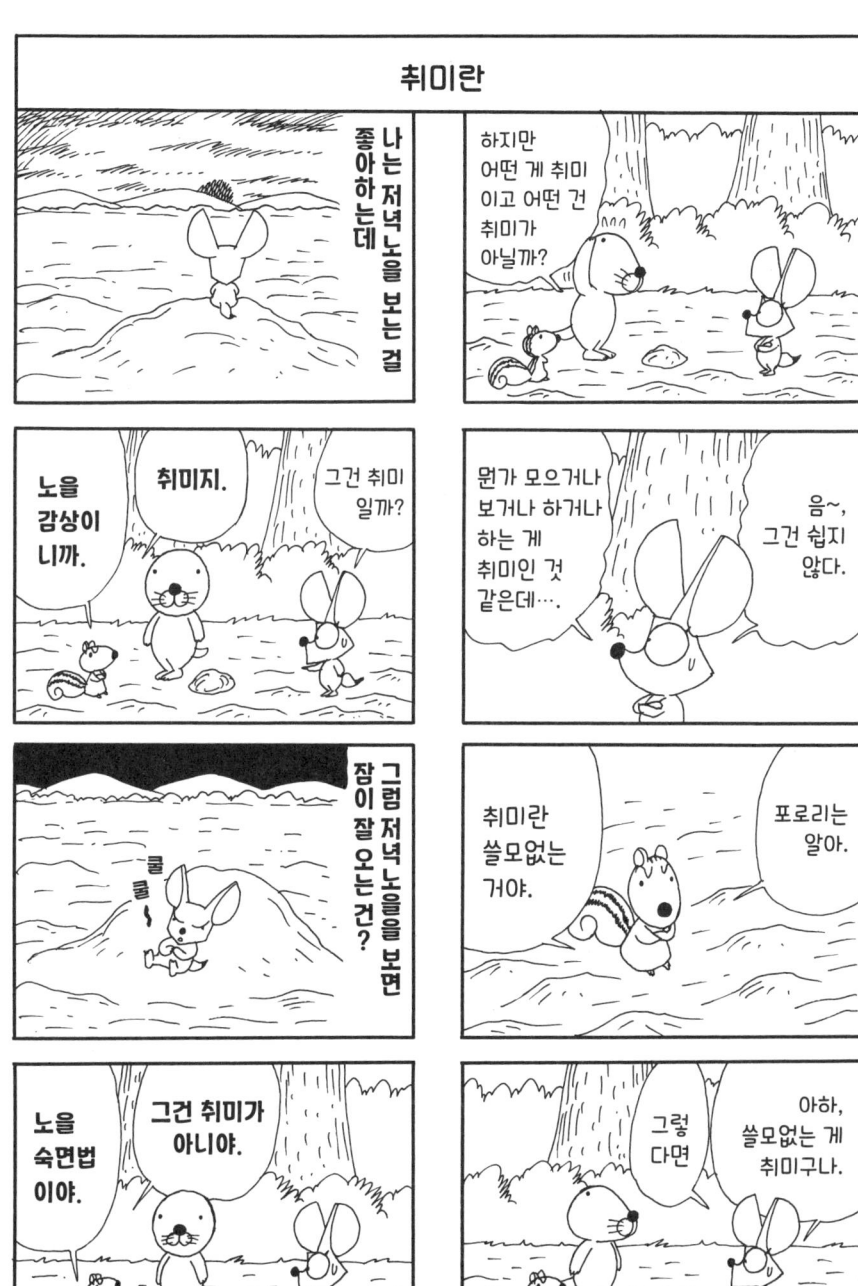

훌륭한 취미

너부리네 집

너부리의 취미

놀지 않는 어른

포로리 아빠

나랑 똑같이 생긴 아이를 만나보고 싶어

나랑

정말

정말

똑같이 생긴 아이를

만나보고 싶다.

풀로 둘러싸보자

너부리와 똑같이 생긴 돌

너부리도 보고 싶다

오소리에게 물어보자

똑같이 생긴 아이가 한 명도 없다면

너부리의 기운 내는 법

울버 아저씨한테 물어보자

울버 아저씨

너부리의 방법

똑같이 생겼다

나랑 똑같은 아이가
한 명 있어.
하지만 똑같이 생긴 아이는
두 명 있다는데
또 한 명은 어디에?

자기소개

악수 놀이

한심한 놀이

물어보고 싶었던 것

또 한 명 있어?

옮긴이 고주영

공연예술 기획자이자 일본어 번역가다. 옮긴 책으로 『누가 뭐래도 아프리카』, 『얼음꽃』, 『나만의 독립국가 만들기』, 『현대일본희곡집 6~8』(공역), 『부장님, 그건 성희롱입니다』(공역), 〈보노보노S〉, 〈보노짱〉 등이 있다.

보노보노, 오늘 하루는 어땠어?

초판 1쇄 발행 2019년 2월 18일
초판 2쇄 발행 2021년 10월 18일

지은이 이가라시 미키오
옮긴이 고주영
펴낸이 김선식

경영총괄 김은영
콘텐츠개발3팀 심아경, 이승환, 김은하, 김한솔
마케팅본부장 이주화   **마케팅1팀** 최혜령, 오서영, 박지수
홍보팀본부장 정명찬   **홍보팀** 안지혜, 김재선, 이소영, 김은지, 박재연, 오수미, 이예주
뉴미디어팀 허지호, 임유나, 배한진   **뉴미디어팀** 김선욱, 염아라, 김혜원, 이수인, 석찬미
저작권팀 한승빈, 김재원
경영관리본부 허대우, 하미선, 박상민, 윤이경, 이소희, 이우철, 김재경, 최완규, 이지우, 김혜진

펴낸곳 다산북스   **출판등록** 2005년 12월 23일 제313-2005-00277호
주소 경기도 파주시 회동길 490   **전화** 02-704-1724   **팩스** 02-703-2219
이메일 dasanbooks@dasanbooks.com   **홈페이지** dasan.group   **블로그** blog.naver.com/dasan_books
종이 IPP   **인쇄·제본** 갑우문화사   **후가공** 평창피앤지
ISBN 979-11-306-2059-6 (07830)

• 책값은 뒤표지에 있습니다.
• 파본은 구입하신 서점에서 교환해드립니다.
• 이 책은 저작권법에 의하여 보호를 받는 저작물이므로 무단 전재와 복제를 금합니다.
• 이 도서의 국립중앙도서관 출판시도서목록(CIP)은 서지정보유통지원시스템 홈페이지(http://seoji.nl.go.kr)와 국가자료공동목록시스템(http://www.nl.go.kr/kolisnet)에서 이용하실 수 있습니다. (CIP제어번호 : CIP2019002684)

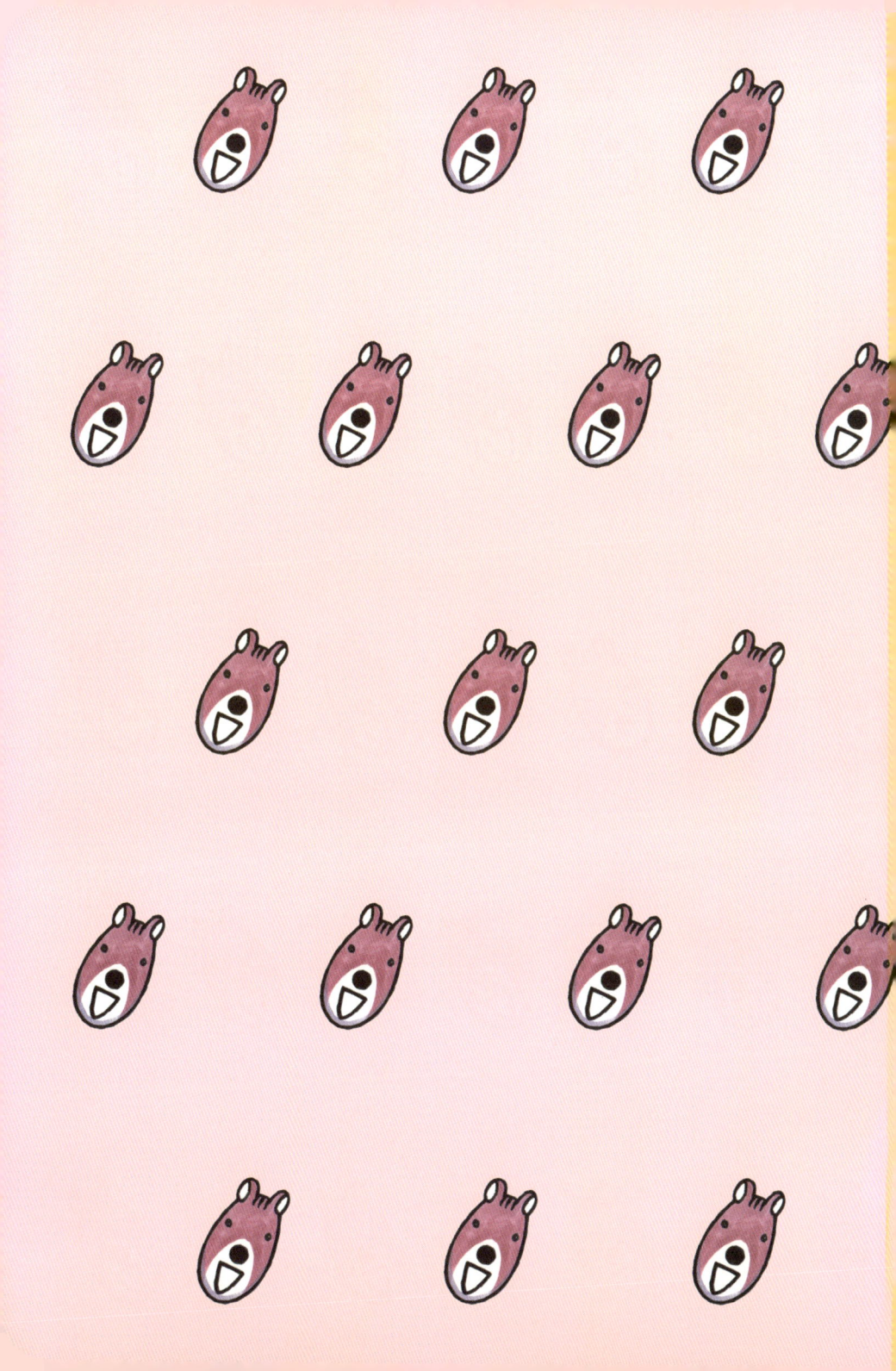